acabados en muros

finishes on walls

autores / *authors*
Fernando de Haro & Omar Fuentes

diseño y producción editorial
editorial design & production
AM Editores S.A. de C.V.

dirección del proyecto / *project managers*
Carlos Herver Díaz, Ana Teresa Vázquez de la Mora
y Laura Mijares Castellá

coordinación / *coordination*
Ana Lydia Arcelus Cano, Cristina Gutiérrez Herce
y Alejandra Martínez-Báez Aldama

coordinación de preprensa / *prepress coordination*
José Luis de la Rosa Meléndez

texto original / *original text*
Abraham Orozco

traducción / *translation*
Aline Bénard Padilla

ACABADOS EN MUROS
FINISHES ON WALLS
© 2014
Fernando de Haro & Omar Fuentes
14 13 12 11 10 9 8 7 6 5 4 3 2 1

ISBN: 978-607-437-255-7

Ninguna parte de este libro puede ser reproducida, archivada o transmitida en forma alguna o mediante algún sistema, ya sea electrónico, mecánico o de fotorreproducción sin previa autorización de los editores.

No fragment of this book may be reproduced, stored or transmitted by any way or by any means or system, either electronic, mechanical or photographic without prior authorization from the publishers.

Publicado por **AM Editores S.A. de C.V.**
Paseo de Tamarindos No.400 B suite 109,
Col. Bosques de las Lomas C.P. 05120,
México D.F.
Tel. 52(55) 5258-0279
E-mail: ame@ameditores.com
www.ameditores.com

Publicado por **Númen**, un sello editorial
de Advanced Marketing S. de R.L. de C.V.
Calzada San Francisco Cuautlalpan No.102
Bodega "D", Col. San Francisco Cuautlalpan,
C.P. 53569, Naucalpan de Juárez,
Estado de México.

Impreso en China. *Printed in China.*

Contenido • *Contents*

Piedra
Stone

Ladrillo
Brick

Madera
Wood

6

26

38

Piedra
Stone

Siempre que se usa la piedra en su forma y color natural, es posible obtener un atractivo dinamismo visual al combinar los acabados rugosos y tersos. Este material debe pulirse para hacerse más suave al tacto, de esa manera conserva sus cualidades de forma y color, pero aumenta sus posibilidades de adaptarse al concepto arquitectónico. Cuando se usa en su estado natural también se aplica con mucha frecuencia para lograr ambientes rústicos en alguno de los ambientes de la casa. En su forma pulida generalmente se utiliza en aquellos espacios donde lo que se desea es crear una atmósfera elegante, con diferentes matices tanto en los muros como en los detalles de la composición arquitectónica.

Every time we use stone in its natural color and shape, it is possible to achieve an attractive visual dynamism resulting from combining both, rough and soft materials. Stone must be polished in order to achieve a softer feel. That way its shape and color will prevail, increasing the chance of adapting its possibilities to the architectural concept. When used in its natural shape, stone can also be used for recreating rustic atmospheres in corners around the house. When polished, it is generally applied on spaces seeking to evoke an elegant atmosphere with varying hues on walls, highlighting the display of architectonical compositions.

Ladrillo
Brick

El ladrillo, cualquiera que sea su acabado último, aparente o con una capa de barniz o pintura, destaca por su sencillez. Por su apariencia no necesita ningún tipo de decoración, basta con el juego natural de luces y sombras que produce para reafirmar la discreta belleza de su textura. Los muros de ladrillo son frecuentes en el acabado de lofts, donde contribuyen a crear atmósferas desenfadadas, juveniles y alegres. También se usa en fachadas y muros exteriores y es un rasgo de identidad en la arquitectura tradicional mexicana. Su presencia en los muros interiores puede transmitir diferentes sensaciones, pero generalmente se traduce en estados de ánimo tranquilos y reposados.

Brick, no matter its finish –apparent, varnished or painted– stands out due to its humbleness. Its appearance makes any decorations unnecessary. The mere effect of light playing with shadows is more than enough to reassess the shy beauty of its texture. Brick wall can be frequently found in lofts, where they contribute to creating casual, juvenile and joyful atmospheres. Brick is also used for façades and outer walls, and it is most characteristic in traditional Mexican architecture. Its application on inner walls can transmit different emotions, but it is mostly related to serenity and relaxation.

Madera
Wood

La madera garantiza ambientes cálidos, despliega un encanto particular, aromatiza la atmósfera, proporciona textura y color con un toque de elegancia. Cada tipo tiene un color que la distingue, una calidad de grano que determina su textura, así como un grado de dureza. Las maderas más duras se usan para la construcción. Su apariencia está determinada por las vetas, que son producto de las facetas del crecimiento del tronco y aportan la riqueza visual.

Wood guarantees a warm atmosphere, for it has its very own particular charm. It refreshes the air, providing texture and color with a touch of elegance. Every kind of wood has its own distinctive color and a grain quality bestowing texture on it, as well as a relative grade of roughness. The hardest woods are used for construction. Their appearance is characterized by streaks, a natural result of the log's growth that provides visual richness.

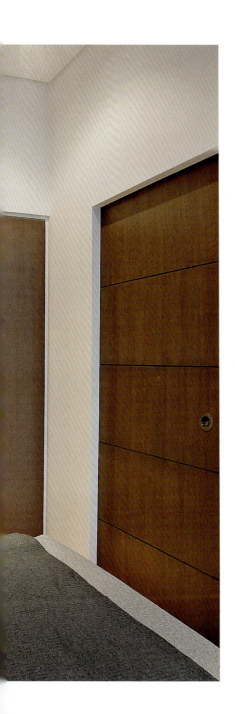

Pg.	ARQUITECTOS *architects*	FOTÓGRAFOS *photographers*
3	Alejandro Quintanilla	Peter Myska
6 - 7	Olga Mussali y Sarah Mizrahi	Mariela Sancari
8	Ulises Castañeda Salas	Héctor Velasco Facio
10 - 11	Carlos Lassala Mozo, Eduardo Lassala Mozo, Diego Mora D. y Guillermo R. Orozco y O.	Marcos García
12 - 15	Juan Pablo Serrano O. y Rafael Monjaraz F.	Jaime Navarro
16 - 17	Elías Kababie	Allen Vallejo
18 - 19	Becky Magaña y Melissa Magaña	Iván Casillas
20	Elías Rizo, Alejandro Rizo y Ana Laura O.	Marcos García
21		© Beta-Plus Publishing
22 - 23	Juan Pablo Serrano O. y Rafael Monjaraz F.	Jaime Navarro
24 - 25	Becky Magaña y Melissa Magaña	Iván Casillas
26 - 33		© Beta-Plus Publishing
34 - 35	Olga Mussali y Sarah Mizrahi	Alfonso de Béjar
36 - 37		© Beta-Plus Publishing
38 - 39	Fernando de Haro, Jesús Fernández, Omar Fuentes y Bertha Figueroa	Mark Callanan
40 - 47		© Beta-Plus Publishing
48 - 49	Yvan Brachet	Mito Covarrubias
50 - 51	Rodrigo Alegre y Carlos Acosta	Felipe Luna
52 - 55		© Beta-Plus Publishing
56	Rodrigo Alegre y Carlos Acosta	Felipe Luna
57 - 61		© Beta-Plus Publishing